思いっきり シニアの 介護予防体操40

付 支援者がすぐに使える笑いのテクニック10

斎藤道雄 著

黎明書房

JN025379

はじめに

シニアも支援者も楽しんでこそ体操！

この本は，シニアが楽しんで体操するための本です。
それだけではありません。
シニアだけでなく，支援者もいっしょに楽しんで体操する。
そのための本です。

くわしく説明します。

この本は，
① デイサービスや特別養護老人ホームなどの高齢者介護施設で，
② 新型コロナによる外出自粛や三密（密閉，密集，密接）を避ける必要
　から，
③ 運動不足で心身機能が低下しがちなシニアとその支援者が，
④ 楽しんで体を動かして，健康づくりをするための本です。
※シニアお一人さまの健康づくりにも役立ちます。

「体操がつまらない」

介護施設の支援者の方の切実なお悩みです。

ほかにも，こんなお悩みがあります。

「体操をしてもらえない」
「どんな体操をしたらいいかわからない」
「毎回同じ体操であきられてしまう」
「体操を考えるのが大変」

しかも，コロナ自粛。

運動不足。
足腰が弱くなる。
ストレスがたまる。
今，介護現場は大変な苦労を強いられてます。

そこで，提案です。

感染リスクを下げながら体操しましょう！
しかも，楽しく。
シニアだけでなく，支援者も楽しんで体を動かしましょう！

たとえば。
肩体操をしながら，にらめっこをする，「にらめっこ肩体操」。
グーパーから投げキッスになってしまう「気づいたら投げキッス」。

こんなふうにすれば，体操がもっと楽しくなります！

体操には「こうしなければいけない」なんて決まりはありません。
体操は楽しいのが一番。

健康の秘訣は楽しむことです。

この本を読んで，楽しんで体操しましょう！

　シニアと支援者がいっしょに楽しむために，それぞれの体操には「笑いの
テクニック」を紹介しました。また巻末には，「支援者がすぐに使える笑い
のテクニック 10」を付けました。どうぞご活用ください。

この本の 10 の特長

1 楽しくできる
楽しくなければ体操じゃない。楽しさがメインの体操です。

2 準備なしでできる
道具，準備一切不要です。

3 立っても座ってもできる
心身レベルに合わせて，立っても座っても，どちらでも体操が出来ます。

4 しゃべらないでできる
声を出さずに，身振り手振りだけで説明します。感染予防にも有効です。

5 日常の動きでする
いくつかの体操には日常生活でするような動作があります。

6 かんたんにできる
腕を曲げ伸ばししたり，足ぶみしたりするような，シニアにもかんたんにできる動作です。

7 支援者のためのテクニック
支援者が体操を楽しくするためのテクニックがわかります。

8 一人からでもできる
シニアお一人さまでも活用できます。

9 わかりやすい
体操の説明はたったの３行です。しかも全て簡潔な文章です。

10 レクや体操に役立つ
デイサービスや介護施設のレクや体操に超おススメです！

この本の使い方

①　はじめにおススメの体操をしましょう！

↓

②　おススメの体操とお気に入りの体操は，その日の体調や目的
に合わせて，自由に入れ替えましょう！

朝の おススメ体操	**5** ウキウキ・パン！ ↓ 13 ページ	8回→4回→2回→1回　最後に
昼の おススメ体操	**10** タテ笑いとヨコ笑い ↓ 18 ページ	おほほほ……　いひひひ……
夜の おススメ体操	**22** ぞうきんがけ体操 ↓ 31 ページ	

も　く　じ

I　ウォームアップ

II　かんたん体操

Ⅲ　楽しい体操

Ⅳ　脳トレ体操

付　支援者がすぐに使える笑いのテクニック10

① 傘さして

傘をさすマネをしながら，足ぶみしましょう！

ねらい
とききめ 　巧緻性維持 　足腰強化

楽しみかた

① 　片手に傘を持って，傘をさします。

② 　傘を片手に足ぶみを8歩します。（①②ともにマネだけ）

③ 　手を替えて同様にします。同様に2回ずつします。

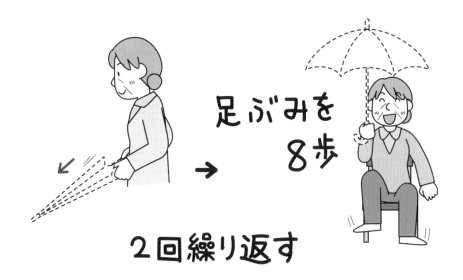

足ぶみを8歩

2回繰り返す

みちお先生のケアポイント

・手は強く握らずに軽く握ると，リラックスしてできます。

笑いのテクニック

・どしゃ降りの雨，強風など，シチュエーションを変えてすると，さらに
おもしろくなります。

② ひらめきのポーズ

突然何かひらめいたときのように，手をポーンとたたきましょう！

ねらい
とききめ ⬚ 手先の器用さ維持 ⬚ 雰囲気づくり

楽しみかた

① 片手をグー，反対の手をパーにして，手をポーンとたたきます。

② 何かを理解した瞬間のように「あ，わかった！」という感じで，目をキラキラと輝かせて，手を打ちましょう！

③ この動きを10回繰り返します。きっと，いいことを思いつきます！

10回繰り返す

みちお先生のケアポイント

・支援者はその気になりきってしましょう！ きっと動作のあとから「よろこび」がやってきます！

笑いのテクニック

・同じ要領で，手をたたいたり，ひざをたたいたり，動作を変えてやってみましょう！

③ あっち向いてホイ体操

拍手を2回して，首だけを動かして左右どちらかを向きましょう！

**ねらい
とききめ**　　(首のストレッチ) (集中力アップ)

楽しみかた

① 　支援者はシニアと向かい合わせになります。

② 　拍手を2回して，右か左を向きます。

③ 　この動きを何度か繰り返します。支援者の通りにシニアも同じ動きができたら大成功です！

みちお先生のケアポイント

・支援者はシニアの目を見てすると，ドキドキ感がアップします！

笑いのテクニック
・右を向くふりをして，左を向くようなフェイント動作をするとより楽しくなります！

④ 段ボール箱を持ち上げる

背筋を伸ばして，段ボール箱を持ち上げるマネをしましょう！

ねらい
とききめ 〔 足腰強化 〕〔 イメージ力アップ 〕

楽しみかた

① 椅子に浅く腰かけて，足を肩幅にひらきます。

② 上体を前に倒して，段ボール箱を持ち上げる動作をしましょう！

③ 一休みして，4回繰り返します。

4回
繰り返す

みちお先生のケアポイント

・両足の間から，ゆっくりとていねいに，真上に持ち上げるイメージでしましょう！

笑いのテクニック
・段ボール箱を軽くしたり，重くしたりすると，あきずに楽しめます！

12

⑤ ウキウキ・パン！

上体を横に倒して，わきをしめましょう！

ねらい
とききめ　（リラックス）（血行促進）

楽しみかた

① 　上体を横に倒して，両腕を曲げて，わきを8回しめます。反対側も同様
にします。

② 　この動作を，4回ずつ，2回ずつ，1回ずつ，しめる回数を減らしてい
きます。

③ 　最後に，拍手を1回して終わります。

8回→4回→2回→1回　　最後に

みちお先生のケアポイント

・肩や腕の力を抜いて，リラックスしてしましょう！

笑いのテクニック
・最後は，拍手の代わりにハイタッチのマネをして終わっても楽しいです！

⑥ きびしい顔やさしい顔

腕を組んでほっぺたをふくらませたり，人差し指をほっぺたにつけて笑ったりしましょう！

ねらい
ときめき ・ 顔の体操 ・ 楽しい雰囲気づくり

楽しみかた

① いかにもきびしそうな顔をして，腕を組んで，ほっぺたをふくらませます。
② 人差し指をほっぺにつけて，満面の笑みで，ニッコリ笑います。
③ この動作を交互に繰り返します。

みちお先生のケアポイント

・表情がむずかしいときは，動作だけしてもオッケーです。

笑いのテクニック
・ときどき，ほっぺたをふくらませて笑ったり，人差し指をほっぺにつけて怒ったりすると，もっとおもしろくなります！

⑦ ガッツポーズとバンザイ

ガッツポーズをしたあとに両腕を上に伸ばしてバンザイしましょう！

■ねらい
とききめ　（握力強化）（腕のストレッチ）（元気が出る）

楽しみかた

① 　足を肩幅にひらいて，両手を力一杯握りしめて，ガッツポーズを2回します。

② 　全部の指をいっぱいにひらいて，両腕を上に伸ばしてバンザイしましょう！

③ 　この動作を4回繰り返せば，元気モリモリになります！

4回
繰り返す

みちお先生のケアポイント

・最後に，拍手をして終わると，にぎやかな雰囲気になります！

⑧ ティータイム

急須で湯飲み茶わんにお茶を注いで飲むマネをしましょう！

| ねらい
とききめ | 手先の器用さ維持 イメージ力アップ |

楽しみかた

① 急須で湯飲み茶わんにお茶を注ぐマネをします。

② 両手で湯飲み茶わんを持って，お茶を飲むマネをします。

③ 美味しそうにできたら大成功です。

みちお先生のケアポイント

・一つひとつの動作をゆっくりとていねいにしましょう！

笑いのテクニック
・支援者がお茶を入れてシニアが飲んだら，役割を交代して，どうぞ！

⑨ タッチいろいろ

ハイタッチ，グータッチ，ひじタッチ，いろんなタッチをするマネを楽しみましょう！

ねらい
とききめ 　 肩の柔軟性維持 　 楽しい雰囲気づくり

楽しみかた

①　支援者はシニアと向かい合わせになります。

②　片手でハイタッチ，グータッチ，ひじタッチをするマネをします。

③　支援者は，この３つの動作を自由に変えながら繰り返します。シニアもマネできたら，最高です！

みちお先生のケアポイント

・支援者は，ハイタッチのときに，シニアの手よりも少し高いところに手を出すと，シニアの手が高く上がるようになります。

笑いのテクニック

・支援者が「イエーイ」と（言うつもりで）ノリノリですると，雰囲気が盛り上がります！

17

⑩ タテ笑いとヨコ笑い

声を出さずに「おほほ」と笑ったり「いひひ」と笑ったりしましょう！

▌ねらい
とききめ 　〔 口腔機能維持 〕〔 顔の体操 〕〔 表情づくり 〕

楽しみかた

① 口をにタテにひらいて，「おほほほ……」と声を出さずに笑います。

② 口をヨコにひらいて，「いひひひ……」同様にします。

③ これを自由に繰り返しましょう！

みちお先生のケアポイント

・むずかしいときは，声を出さずに，「おー」と「いー」の口をするだけ
　でもオッケーです。

笑いのテクニック
・途中からいきなり，（声を出さずに）「あははは……」と笑ったり，「え
　ーーー！」と驚いたりすると，もっと楽しくなります！

コラム①

ジャケットを着て体操してみた

赤いポロシャツ。
紺色のジャージ。

これが，ボクの体操するときの服装です。

ところが。

先日，忘れてしまったんです！
ポロシャツとジャージを。

で，どうしたかというと……。
そのままのかっこうで体操しました。
ジーパンに白いTシャツ。
それに，ベージュのジャケット。

やってみたら，意外にいいんです。

考えてみたら，「体操＝ジャージ」なんてルールはありません。
かっこうも大事です。
「体操におしゃれ」もありです。
なんだかジャージが，ダサく思えてきました。

サッカーやラグビーの監督には，スーツ姿の人もいます。
サイクリング用のジャケットやパンツもあります。

体操の先生がスーツを着て体操する。
ぜひ，トライしてみようと思います。

⓫ チャチャチャ♪ モリモリ！

ニッコリ笑って拍手を3回して，力強くモリモリポーズをしましょう！

ねらい
とききめ　(手先の器用さ維持)　(元気が出る)

楽しみかた

① 支援者とシニアは向かい合わせになります。

② 拍手を3回したあとに，モリモリポーズを2回します！

③ 全部で3回繰り返したら，心と体が元気になります！

みちお先生のケアポイント

・足を肩幅にひらいて，胸を張ってすると，より効果があります！

笑いのテクニック
・拍手のときはニッコリ笑って，モリモリポーズは力強く，どうぞ！

⑫ はしと茶碗

左手に茶碗，右手にはしを持って，ごはんをよくかんで食べるマネをしましょう！

ねらい
とききめ   (手先の巧緻性維持)(イメージ力アップ)

楽しみかた

① 左手に茶碗，右手にはしを持つマネをします。

② はしを動かしてごはんを食べるマネをしましょう！

③ 美味しそうにできたら，最高です！ 手を替えて同様にします。（左右
交互に2回ずつ）

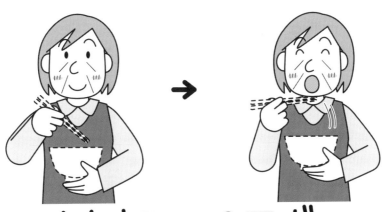

左右交互に2回ずつ

みちお先生のケアポイント

・背筋を伸ばして，しっかりお茶碗を持ってすると，品がよく見えます。

笑いのテクニック

・同様に，そば，カレーライス，ステーキなどですると，あきずに楽しめ
ます。

21

⓫ 花いちもんめ

花いちもんめのマネをしましょう！

**ねらい
とききめ** (足腰強化)(リズム体感)

楽しみかた

① 支援者はシニアの横で，手をつなぐマネをします。
② ふたりで手をつないでいるマネをしながら，いっしょに足ぶみを8歩します。
③ 8歩目は，足で蹴とばすようにして前に出します。4回繰り返します。

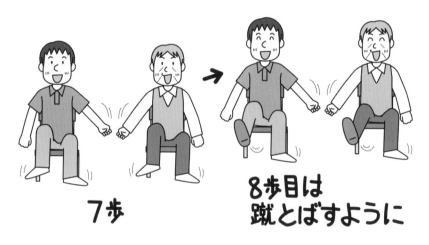

7歩

8歩目は
蹴とばすように

4回繰り返す

みちお先生のケアポイント

・実際に手はつながなくても，つないでいるフリをするだけでオッケーです。

笑いのテクニック
・胸を張って，ニッコリ笑ってすると楽しいです！

⑭ はなれても好きな人

2メートルはなれたところで，握手をするマネをしましょう！

ねらい
とききめ　〔 手首の柔軟性維持 〕

楽しみかた

① 支援者はシニアと2メートル間隔をあけて，相手の目を見て，ニッコリ笑います。

② 右手同士で，握手するマネを10回繰り返しましょう！

③ 反対の手で同様にします。左右交互に2回ずつします。

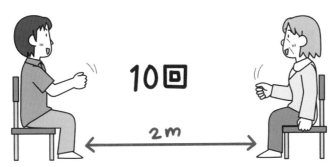

10回

2m

左右交互に2回ずつ

みちお先生のケアポイント

・むずかしいときは，（ふたりの距離を近くして）実際に握手できるぐらいの距離から（握手のマネを）はじめましょう！

笑いのテクニック

・3メートル，4メートルと徐々に間隔を広げていきます。離れていてもつながっている気分にります！

⑮ パン！　パンパンパン！

気持ちをひとつにして，拍手のタイミングを合わせましょう！

ねらい
とききめ　　（ 血行促進 ）（ 手先の器用さ維持 ）

楽しみかた

①　支援者はシニアといっしょに「パチパチパチ……」と細かく拍手を繰り返します。

②　拍手の最後は，「パン！　パンパンパン！」で締めくくります。

③　ふたりのタイミングがバッチリ合えば，気分最高です！

みちお先生のケアポイント

・拍手のコツは，短く，強く，元気に。運動効果も上がります！

笑いのテクニック
・（ふたりの）拍手のタイミングがズレても，それはそれで，笑いになります！

16 ピタリ止めましょう

指で数字を示して，それと同じ歩数の足ぶみをしましょう！

ねらい
とききめ （足腰強化） （集中力アップ）

楽しみかた

① はじめに支援者はシニアに指で「4」と示して，足ぶみを4歩します。
② 同様に，指でほかの数字を示して，数字と同じ数の足ぶみをします。
③ 支援者とシニアの足ぶみがピッタリ合えば大成功です！

足ぶみを
4歩

みちお先生のケアポイント

・指で数を示すだけで，何も説明せずにします。何度か繰り返しながら，シニアの反応を観察しましょう！

笑いのテクニック
・ピタリ合わないことも笑いになります。（歩数が多くなるとむずかしくなります）

🔘17 やが～て手が出る足が出る♪

手を3回たたいて，手を上げて，足を前に出しましょう！

┃ねらい
┃とききめ　　⟨ 足腰強化 ⟩ ⟨ 腕のストレッチ ⟩

楽しみかた

① 拍手を3回してから，右手を上げて，左手を上げて，右足を（前に）出して，左足を出します。
② この動作を何度か繰り返して練習します。
③ 慣れてきたらレベルアップ。ゆっくり→ふつう→速くと徐々にテンポアップしていきましょう！

みちお先生のケアポイント

・シニアが動きを覚えるまでは，ゆっくりとていねいに動作しましょう！

笑いのテクニック
・最後におまけとして，猛スピードにトライします。速すぎてできないのも，お笑いです！

⑱ わたしからあなたへ

両手を胸につけてグー，相手に両手を差し出すようにパーを出しましょう！

ねらい
とききめ

　(腕のストレッチ)　(ドキドキする)

楽しみかた

①　両手でグーパーをします。

②　グーのときは胸につけて，パーのときは手のひらを上にして両腕を前に伸ばしましょう！

③　ニッコリ笑って，やさしく両手を前に差し出すようにしましょう！（8回×2セット）

グー　　→　　パー

みちお先生のケアポイント

・②のときに，人差し指と親指はなるべく伸ばす意識を持ちましょう！

笑いのテクニック

・支援者は，パーのときに，シニアの目を見て，静止してください！　シニアのハートはきっとドキドキしちゃいます！

⑲ ペットボトル体操

ペットボトルのふたをあけて，水を飲む真似をしましょう！

ねらい
とききめ 〔 手首の柔軟性維持 〕

楽しみかた

① 　片手にペットボトルを持って，反対の手でふたを回して空けるマネをします。
② 　ふたが空いたら，顔を上げて，水を飲むマネをしましょう！
③ 　最後に，おいしい顔をして終わります。手を替えて同様にします。（左右交互に2回ずつ）

左右交互に2回ずつ

みちお先生のケアポイント

・背筋を伸ばして，胸を張ってすると，運動効果がアップします。

笑いのテクニック
・いかにもそれらしく，想像力をフルに働かせてしましょう！

⑳ ワルツでタッチ

3拍子のリズムに合わせて，タッチするマネをしましょう！

ねらい
とききめ　（手先の器用さ維持）（リズム体感）

楽しみかた

① 　支援者はシニアと向かい合わせになります。

② 　拍手を2回したあと，両手でタッチするマネをします。

③ 　この動作を，10回繰り返します。ふたりのタイミングがバッチリ合えば大感激です！

10回繰り返す

みちお先生のケアポイント

・拍手を2回したあとに，動きを1回止めるとタイミングが合いやすくなります。

笑いのテクニック

・支援者は，（シニアの手の届きそうなところに），両手を上下左右に少しずらすと，さらに楽しくなります！

㉑ いつのまにか投げキッス

グーパーしながら，徐々に投げキッスの動作に変えちゃいましょう！

｜ねらい
とききめ　（腕のストレッチ）（ドキドキする）

楽しみかた

① 両腕を前に伸ばして，グーパーを8回します。

② グーパーを繰り返しながら，徐々に両手を顔に近づけていきます。

③ 最後は，投げキッスのマネをして，グーパーしちゃいましょう！

みちお先生のケアポイント

・①のときは，ひじを伸ばして，腕を肩の高さですると，運動効果がアップします。

笑いのテクニック

・投げキッスするまではマジメな顔でします。最後（投げキッス）はニッコリ笑ってどうぞ！

㉒ ぞうきんがけ体操

ぞうきんがけをするように，両手を前に出したり引いたりしましょう！

ねらい
とききめ 〔 足腰強化 〕〔 腕力アップ 〕

楽しみかた

① 両手を並べて前に置きます。

② ぞうきんがけをするように，両手を前に出したり，引いたりしましょう！

③ 4回して一休みします。4セットしましょう！

みちお先生のケアポイント

・①のときに，全部の指をいっぱいにひらきましょう！

笑いのテクニック
・廊下をぞうきんがけするつもりで，足ぶみも加えてみましょう！

㉓ キツネのキッス

指でキツネをつくって，キスのように指先をくっつけるマネをしましょう！

ねらい とききめ （指のストレッチ） （変化と刺激）

楽しみかた

① 支援者はシニアと向かい合わせになります。

② 中指と薬指と親指（の指先を）くっつけて，指でキツネをつくります。

③ 支援者はシニアと指先をくっつけるマネをします。反対の手も同様に，左右交互に４回ずつします。

左右交互に
４回ずつ

みちお先生のケアポイント

・できる限り全部の指を伸ばしてすると，指のストレッチ効果がアップします。

笑いのテクニック
・きつねが「うんうん」とうなずいたり，「いやいや」と首を横に振っているような動作を増やすと，さらに楽しくなります！

㉔ おじぎエンドレス

1回で終わるはずのおじぎを，2回，3回と繰り返しちゃいましょう！

ねらい とききめ	姿勢保持

楽しみかた

① 支援者は，背筋をまっすぐに伸ばして，ゆっくりとていねいにおじぎをします。シニアも同様にします。

② 頭を上げたら（おじぎが終わったら），すぐにもう一度おじぎをします。

③ これを何度か繰り返します。いつまでも終わらないおじぎに（苦）笑いです。

みちお先生のケアポイント

・なるべく背筋を伸ばしたまま，上体を前に倒しましょう！（運動効果アップ）

笑いのテクニック

・ボクは，おじぎを5回繰り返したことがあります。シニアも5回繰り返してくれました（笑）。

㉕ にらめっこ肩体操

肩を上げ下げしながら，にらめっこしちゃいましょう！

■ ねらい
とききめ (肩こり予防) (リラックス)

楽しみかた

① 支援者とシニアで向かい合ってします。

② マジメな顔をして，肩を上げます。

③ 鼻の下を伸ばして，肩を下げます。これを何度か繰り返し，笑ってしまった方が負けです。

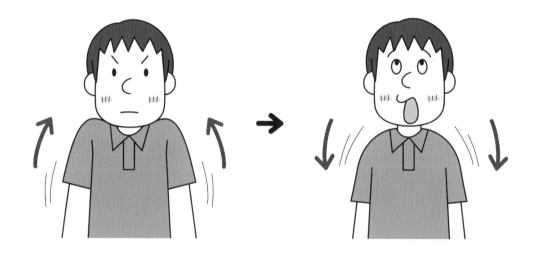

みちお先生のケアポイント

・肩を下げるタイミングで，ストーンと力を抜くと効果的です。

笑いのテクニック

・③のときに，白目になるくらい目線を上にすると，ウケます！

㉖ 伸ばしたつもりで大成功

片手を前に出して，まっすぐにピンと指を伸ばしましょう！

ねらい
とききめ ⎰ 手先の器用さ維持 ⎱

楽しみかた

① 片手を前に出して，人差し指を伸ばします。

② 元に戻します。親指，小指，中指，薬指の順に伸ばします。

③ 手を替えて同様にします。うまく伸びなくても気にしないで。伸ばした
つもりで楽しくトライしましょう！

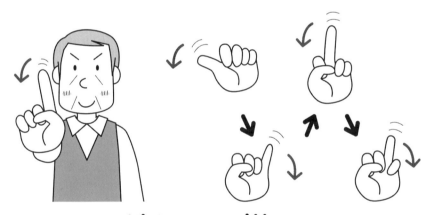

手を替えて同様に

みちお先生のケアポイント

・かんたんな指から順番にします。薬指を最後にもってくるのがミソです。

笑いのテクニック

・ボクは，わざと薬指を曲げて見せます。すると「なーんだ，先生もでき
ない！」と言って，シニアは笑って，安心します。

㉗ いかにも窓ふき

いかにも窓をふいているように手をそれらしく動かしましょう！

■ ねらい
　ときめ　　（肩の柔軟性維持）

楽しみかた

① 　支援者は，シニアと向かい合わせになります。
② 　片手を前に出して，手と手を合わせるマネをします。
③ 　支援者は，手を左右に動かして，窓を拭く動作をします。反対の手も同
　　様にします。シニアも同じようにできたら大成功です！

反対の手も
同様に

みちお先生のケアポイント

・支援者は，シニアの手の届く少し先のところに，誘導しましょう！

笑いのテクニック
・ふたりの距離を，２メートル離れてすると，もっと楽しくなります！

28 あっ，蚊だ！

蚊が止まったところを，両手でパチンとたたきましょう！

ねらい と ききめ (首のストレッチ)(集中力アップ)

楽しみかた

① 支援者はシニアと向かい合わせになります。

② 支援者は，いかにも蚊を追うような感じで，目と顔を上下左右に動かします。

③ この動きをシニアもマネします。最後は，（蚊が止まったところを）両手でパチンとたたきます。ふたりのタイミングが合えば，完璧です！

みちお先生のケアポイント

・なるべく顔（首）を大きく動かすようにしましょう！

笑いのテクニック

・一度顔の動きを止めてから，また動かすと，あきずに長く楽しめます！

29 両手合わせて押したり引いたり

両手を合わせるマネをして，押したり引いたりしましょう！

| ねらい
| ときめ   （腕のストレッチ）（集中力アップ）

楽しみかた

① 支援者はシニアと両手を合わせるマネをします。

② どちらかが両手を押したら，もう一方が引く動きをします。

③ この動きを左右交互に繰り返します。ふたりの動きがうまく合えば大成功です！

みちお先生のケアポイント

・アイコンタクトが大事です。支援者はシニアの目を見て，意思の疎通をはかりましょう！

笑いのテクニック

・誤って，ふたり同時に押してしまったり，または，引いてしまったりするのも，笑いになります。

㉚ 輪になって踊りましょう

手をつないでいるマネをして，元気に明るく手を前後に振りましょう！

■ ねらい
とききめ （ リラックス ）（ 肩の柔軟性維持 ）

楽しみかた

①　3人で輪になって，手をつなぐマネをします。

②　その手を元気よく前後に大きく振りましょう！

③　手の振りかたを，小さくしたり，大きくしたり，自由に変えながら繰り
返しましょう！

みちお先生のケアポイント

・手はつながなくてもオッケーです。つないでるマネだけでも楽しいです！

笑いのテクニック

・小刻みに素早く，ゆったりと大きくなど，いろいろな動きを混ぜるともっと楽しくなります！

㉛ 玉子焼きをつくろう

玉子を割って，まぜて，フライパンで焼いて，玉子焼きをつくる
マネをしましょう！

**ねらい
とききめ** 〔 手先の巧緻性維持 〕〔 イメージ力アップ 〕

楽しみかた

① 片手に玉子を持って割るマネをします。

② はしで玉子をよくかきまぜて，フライパンに玉子を入れるマネをします。

③ 玉子をひっくり返したら完成です。手を替えて同様にします。じょうず
にマネできたら大成功です！

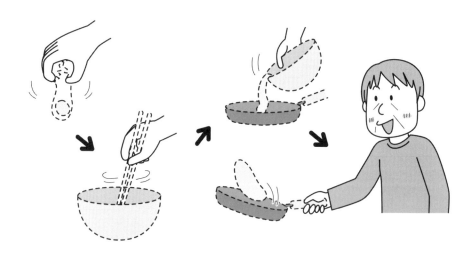

みちお先生のケアポイント

・支援者がアシスタント役，シニアが先生役になって，交代してもできます。

笑いのテクニック
・フライパンをあおったり，宙に浮いた玉子がなかなか落ちて来なかった
り，ありえないことをすると楽しいです！

㉜ じょうずに突けるかな

手指を全開にして，指の間を人差し指で突いてみましょう！

■ ねらい
と ききめ
〔 指のストレッチ 〕〔 巧緻性維持 〕

楽しみかた

① 片手を前に出して，パーにします。

② 親指と人差し指の間を指に触れないように，（反対の手の）人差し指で突きます。

③ 同様にして，小指と薬指の間まで順に行います。同様に一往復します。一度も指に触れずにできたら，大成功です！

みちお先生のケアポイント

・①のときに，できるかぎり全部の指をいっぱいにひらきましょう！

笑いのテクニック
・慣れてきたら徐々にテンポアップすると，もっと楽しくなります！

㉝ グーチョキパー七変化

順番を自由自在に入れ替えながらグーチョキパーをしましょう！

ねらい
とききめ

手先の器用さ維持　集中力アップ

楽しみかた

① 支援者とシニアでいっしょにグーチョキパーを何度か繰り返します。
② パーチョキグーと順番を変えて，同様にします。
③ さらに順番を変えて，チョキグーパーにして，どうぞ！

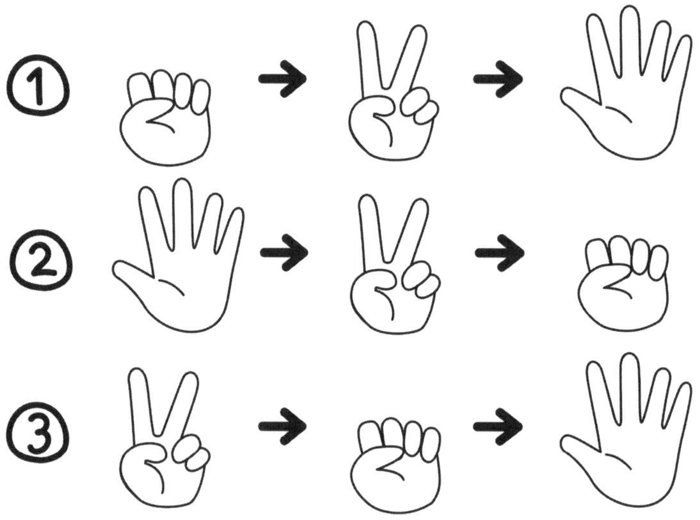

みちお先生のケアポイント

・むずかしければ，①と②だけでもオッケーです。

笑いのテクニック

・①②③を，順番を変えて自由にしましょう！　つっかえたり，間違えたりするのも，おもしろいです！

34 チョキのようでチョキじゃない

両手でチョキと見せかけて，片手は中指と薬指を伸ばしましょう！

ねらい ときぎめ 指のストレッチ

楽しみかた

① 片手はチョキ（人差し指と中指）にします。
② 反対の手は，中指と薬指を伸ばします。
③ 一見すると，両方の手がチョキだと勘違いします。シニアがこれに気づいて，同じようにできたら，拍手喝采です！

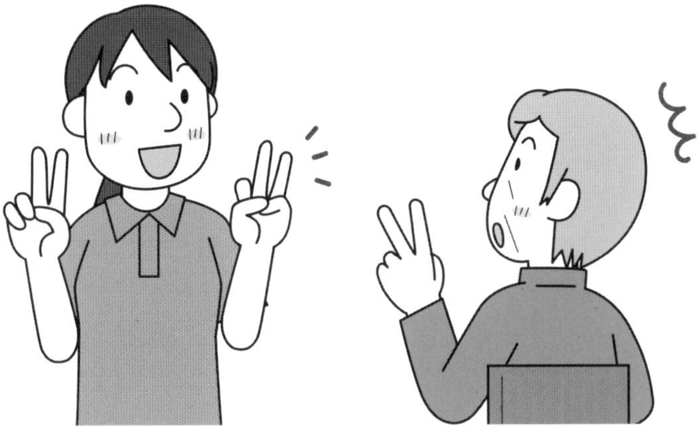

みちお先生のケアポイント

・はじめに何度かグーパーを繰り返しておくと，いかにも指の体操っぽくなって，効果抜群です！

笑いのテクニック

・もしシニアが気づかずにいたら？　間違えている方の手をジーっと見つめてください（笑）。

㉟ つの出せやり出せ目玉出せ！

片腕を前に伸ばしてチョキ，反対の手は胸の前でグーにしましょう！

ねらい
とききめ　〔巧緻性維持〕

楽しみかた

① 右腕を前に伸ばして（右手を）チョキ，左手は胸の前でグーにします。
② 左腕を前に伸ばして（左手を）チョキ，右手は胸の前でグーにします。
③ この動きを交互に 10 回繰り返します。間違えは気にせず，笑ってできたら最高です。

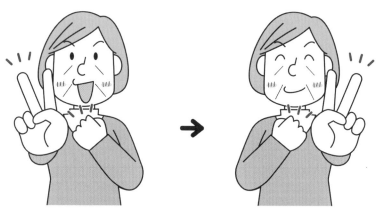

左右交互に 10 回ずつ

みちお先生のケアポイント

・むずかしいときは，1 回ずつ動きを止めて練習しましょう！

笑いのテクニック
・テンポアップするとさらにレベルアップします。できないのも楽しんでしましょう！

㊱ 手足口体操

手拍子，足ぶみ，ニッコリ笑う，全部を同時にしましょう！

▎ねらい
とききめ ⟨足腰強化⟩ ⟨口腔機能維持⟩

楽しみかた

① できるかぎり口をヨコにひらいて，声を出さずに「いー」の口をします。

② 手をたたきながら，足ぶみを8歩しましょう！

③ 自然に笑っている表情になり，「おもしろい」気分になってきて，足ぶみが楽しくなります。4回繰り返します。

足ぶみを
8歩

4回
繰り返す

▍みちお先生のケアポイント

・むずかしいときは，手拍子，または，足ぶみのどちらかでもオッケーです！

笑いのテクニック

・ほっぺをふくらませたり，口をとがらせたり，鼻の下を伸ばしたり，ときどき口の動きを変えながらすると，さらに盛り上がります。

㊲ 胸と頭でグーパー

胸にグー，頭にパー，手を交互に入れ替えて，繰り返しましょう！

■ ねらい
　と ききめ　　 (巧緻性維持)

楽しみかた

① 　片手をグー，反対の手をパーにします。
② 　グーを胸につけて，パーで頭をさわります。左右の手を替えて同様に
　（グーが胸，パーが頭の上）にします。何度か繰り返します。
③ 　慣れたらレベルアップ。パーを胸につけて，グーで頭をさわります。左
　右の手を替えて同様（パーが胸，グーが上）にします。

みちお先生のケアポイント

・手をあげるのがむずかしいときは，手を前に出して（腕を前に伸ばして）
　も，オッケーです。

笑いのテクニック
・間違えたら笑って。うまくできないことを，楽しんでしましょう！

㊳ 雪道注意！

雪道を歩くイメージで，転ばないように注意して足ぶみしましょう！

**ねらい
とききめ** （足腰強化）（イメージ力アップ）

楽しみかた

① 雪道を歩くイメージで足ぶみを８歩します。

② 転ばないように，あわてずに，ゆっくりとていねいに足を動かします。

③ 一休みして，４回繰り返します。

足ぶみを
８歩

そーっと

４回
繰り返す

みちお先生のケアポイント

・歩幅を小さくして，そうっと歩くように意識しましょう！

笑いのテクニック

・ときどき，ボクがすべってころびそうなマネをすると，笑いが起きます。

㊴ 腕振ってグーパー

前後に腕を振りながら，グーパーしましょう！

┃ ねらい
と ききめ　〔 巧緻性維持 〕

楽しみかた

① 　胸を張って，腕を前後に振ります。

② 　前の手はパー，後ろの手はグーになるように腕を振りましょう。

③ 　慣れてきたらレベルアップ。前の手はグー，後ろの手はパーになるように腕を振ります。

前の手は
パー

後ろの手は
グー

みちお先生のケアポイント

・むずかしいときは，腕を振らずに，指だけを動かして練習しましょう！

笑いのテクニック
・動きを速くするとむずかしくなります。間違えたときは，笑いましょう！

㊵ 頭肩チェンジ

片手で頭，反対の手で肩をさわって，両手同時に入れ替えましょう！

ねらい
とききめ　　(巧緻性維持)

楽しみかた

① 右手で頭を，左手で右肩をさわります。
② 左手で頭を，右手で左肩をさわります。
③ この動作を，連続して繰り返しましょう！

みちお先生のケアポイント

・両手同時にするのがむずかしいときは，片手ずつ動かしてみましょう！

笑いのテクニック
・最後に，モリモリポーズを入れると，笑いで終わります。

コラム②

ボクが介護現場で体操すると……

「グーパーって，あんなふうにするといいんですね～」

先日，支援者の方が，ボクに言いました。
支援者の方は，ボクの体操をよ～く見ています。
「見る」というより，「観察」してます。

なぜ「観察」するのか？

それは，「支援者の方も，体操するから」です。

なので，ボクの一挙手一投足を，瞬きをせずに見ています。

「あんなふうにすればいいんですね～」
「こうすれば笑いが起きるんですね～」

そんな感想がたくさん出ます。

同じ現場スタッフの方でも，体操をする人としない人がいます。
やはり，体操をする人の方が，圧倒的に集中力がスゴい！

まさに「ワザを盗む」目線です。
こんな意識があれば，支援者にとって，ボクの体操の時間は，大変有意義になります。
このあとの「支援者がすぐに使える笑いのテクニック10」では，そんなプロのワザをご紹介します。

くだらないことは大胆に堂々と

変なポーズ，変な顔，くだらないことは，恥ずかしがらずに，大胆に堂々としましょう！

ねらい
と ききめ　　（雰囲気づくり）

楽しみかた

① 　たとえば。深呼吸を３回したあとに，かっこよくきをつけをします。

② 　それでおしまい。と思わせておいて，いきなり「イエーイ！」という感じで，両手でVサインをします。

③ 　そうするとシニアもノリノリでマネしてもらえます。コツは，大胆に堂々とすること。迷いなくやります。

みちお先生のワンポイント

・最初のころ，「くだらないことをして，しらけたらどうしよう」と思ってました。でも，実は，シニアもくだらないことが大好きです。シニアによろこんでもらえるので，今は，楽しんでやっています。

2 シニアに変顔してもらう秘訣

恥ずかしがる人には，無理強いするより，笑顔を見せましょう！

ねらいとききめ　リラックス

楽しみかた

① たとえば顔の体操のとき。ボクが変顔をしても，恥ずかしがってしない人もいます。
② そんなときはボクは，その人の顔（目）を見ます。そして，ニッコリ微笑んでから，そのあとでもう一度変顔をします。
③ そうするとリラックスして，いっしょにやってもらえるようになります。

みちお先生のワンポイント

・たとえシニアご本人が変顔をしなくても大丈夫です。笑ってもらえれば，それだけでじゅうぶんです。笑うことで，心も体も軽くなります。

③ マジメ8割くだらない2割

ときどき変な体操をすると，体操に変化と刺激が生まれます。

ねらい
とききめ　(あきさせない)

楽しみかた

① 要介護シニアに対して，最初から最後までマジメに体操したら？　ボクの現場だったら，シニアは途中であきるか，居眠りします。

② そんなときは，人差し指をほっぺにあててニッコリ笑ったり，マジメな体操の際中に，くだらないことをします。

③ こんなふうに，ときどきくだらないことをすると，シニアにもよろこんでもらえます。楽しい体操の秘訣は，マジメな体操は8割，くだらない体操は2割の割合です。

みちお先生のワンポイント

・ほかにも，モリモリポーズをしたり，ガッツポーズをしたり。いきなり予想外な動作を取り入れています！

④ シニアの気が散らない方法

シニアが体操に集中しやすい環境を整えましょう！

ねらい
とききめ （集中力アップ）

楽しみかた

① 体操の際中に，人の出入りが目に入ると，シニアの気が散ります。

② シニアの後ろ（背中側）が入り口になるようにすれば，人の出入りが見えなくなります。

③ こうすることで，終始，集中して体操ができます。

みちお先生のワンポイント

・なるべくなら，シニアの気が散るようなものが目に入らないような隊形（配置）を心がけましょう！

⑤ 何もしない人が体操したくなる魔法

はなれたところで体操するより，近づいて目の前で体操すると，自然にシニアの体が動き出します！

■ ねらい
と ききめ   （ シニアをのせる ）

楽しみかた

① たとえば，グーパー体操をするときに，何もしない人がいます。

② そんなときボクは，その人の目の前まで行って，グーパーをします。

③ 一人だけだとしなくても，二人で面と向かってすると，シニアも自然に手が動きます！

グー
パー

みちお先生のワンポイント

・以前は，シニア同士で二人一組にしたりすることもありましたが，今は，感染リスクを下げる意味もあって，ボクが動いて，一人ひとりとペアを組むかたちにしています。

⬡6 シニアが集中する椅子の並べ方

体操をするときは，前から逆三角形になるように椅子を並べましょう！

ねらい
とききめ 〔集中力アップ〕

楽しみかた

① 体操をするときの椅子の並べ方は，逆三角形になるようにします。

② たとえば，椅子が10の場合，前から，4，3，2，1と並べます。

③ こうすることで，後ろに座る人を減らすことができます。つまり，相対的に，ボクとシニアの距離が近づくようになります。

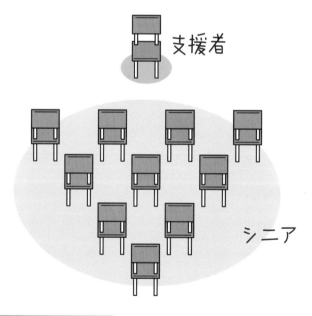

みちお先生のワンポイント

・逆三角形はあくまでも理想の隊形なので，「前に多く後ろは少なく」でもオッケーです。（椅子が10なら，前6後4，または前から4・3・3など）

脳トレでウォーミングアップ

脳トレで笑って，心と体のウォーミングアップをしましょう！

▌ねらい
と ききめ　　（ウォーミングアップ）

楽しみかた

① たとえば。片手で〇を描いて，反対の手で×を描く。これを両手同時に行うと，手がおかしな動きになります。

② このように，脳トレをすると笑いが起きます。

③ 笑うことで，心も体も軽くなります。脳トレは準備運動に最適です。

みちお先生のワンポイント

・脳トレには，両手で違う動きをするものが多くあります。その場合は，いきなり両手同時にするのでなく，片手ずつ練習してから，両手同時にします。（この過程がフリになって，笑いにつながります）

⑧ シニアが注目する動作のコツ

体操の際中に突然静止すると，シニアの視線が釘付けになります！

ねらい
とききめ
（集中力アップ）

楽しみかた

① たとえば，グーパーをするとき。両手を前に出して，両手をパーにします。
② このままのかっこうで，5秒間静止します。
③ その間，「次は？」という感じで，シニアはずーっとボクのことを注目
するようになります。視線を集めたそのあとで，ゆっくりと次の動きに移
行します。

みちお先生のワンポイント

・はじめからおわりまで，ずーっと同じテンポで体操していると，動きに慣
れてくるので，ときどきテンポをずらして変化をつける効果もあります！

❾ 繰り返すと見せかけて

もう一度するはずの動きをいきなりやめてみましょう！　やめられないのが笑いになります！

ねらい
とききめ　（あきさせない）

楽しみかた

① 　たとえば，「ひらいて，閉じて，ひらいて，閉じて……」というように，足を閉じたり，ひらいたりする動作を繰り返します。

② 　閉じたところで，いきなりやめると，シニアは思わず足をひらいてしまいます。

③ 　「間違えた」「だまされた」と言いながらも，シニアはよろこんでいます。

だまされた

みちお先生のワンポイント

・ボクがいつもこういうことをするので，シニアは「もうだまされないぞ」という感じです。が，そのうらをかくのがまたおもしろい。ほとんど，きつねとたぬきの化かし合い状態です。

⑩ しゃべらなくても伝わる体操の秘訣

体操する前に動かす部位を指さすと，どこをどう動かしたらよいのかが伝わります！

ねらい
とききめ　　〔理解力アップ〕

楽しみかた

① たとえば，「ひじを伸ばして」と言いたいときは，はじめに，「ココ，ココ」と，自分のひじを指さします。

② そのあとで，ひじを伸ばすと，シニアに「ひじを伸ばすんだな」と伝わります。

③ このように，動かす部位を指さす。そのあとで動作をすると，言葉で説明しなくても，どこをどうするかが理解しやすくなります。

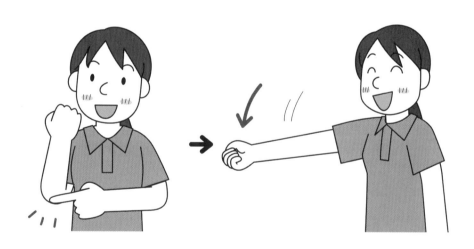

みちお先生のワンポイント

・ほかにも，胸を張る（胸を指さす）。足を上げる（足を指さして，手のひらを上にする），指を全開にする（指をさす），などいろいろできます。

おわりに

シニアは遊ぶことが仕事

「それって体操ですか？」

ある支援者からの質問です。
ボクの体操を見て，

「体操じゃなくて，遊びじゃないか？」

そう思ったようです。
ここでひとつ疑問が浮かびます。

体操とは何か？　その意味を調べてみると……。

なんと意外な意味がありました。
「体操とは，学校教科の『体育』の旧称。」

えっ，体操＝学校体育？

ということは，体育→授業→勉強と連想してしまいます。

こうなると，体操は，マジメにきちんとするものだと思います。
だって，勉強ですから。
これで，質問した人の気持ちもわかります。
「体操は，授業だからマジメにきちんとやらなければいけない」
ということでしょう。

ここで，スゴイことが判明しました！

体操を授業だと思う。
だ・か・ら！
「体操がつまらなくなる」のです。

だって，授業ですよ？
シニアに。
どう考えても，楽しいはずがありません。

体操の意味。実は，もうひとつありました。

「体操とは，健康などの目的で行われる身体を動かす運動の総称」

では，運動とは？
「健康のために体を動かすこと」

ということは。
健康のために体を動かすのが運動。
それが，体操です。つまり，**体を動かす遊びは体操**です。

子どもは遊ぶことが仕事。

という言葉があります。
それは，遊びが心身の発育に貢献するからです。
遊びは心身によい影響がある。

「シニアは遊ぶことが仕事」
そんな言葉があったらいいな～。
心底そう思います。

　令和5年2月
　　　　　　　　　　楽しい体操インストラクター　斎藤道雄

著者紹介

●斎藤道雄

体操講師，ムーヴメントクリエイター，体操アーティスト。

クオリティ・オブ・ライフ・ラボラトリー主宰。

自立から要介護シニアまでを対象とした体操支援のプロ・インストラクター。

体力，気力が低下しがちな要介護シニアにこそ，集団運動のプロ・インストラクターが必要と考え，運動の専門家を数多くの施設へ派遣。

「お年寄りのふだん見られない笑顔が見られて感動した」など，シニアご本人だけでなく，現場スタッフからも高い評価を得ている。

[お請けしている仕事]
○体操教師派遣（介護施設，幼稚園ほか）　○講演　○研修会　○人材育成　○執筆

[体操支援・おもな依頼先]
○養護老人ホーム長安寮
○有料老人ホーム敬老園（八千代台，東船橋，浜野）
○淑徳共生苑（特別養護老人ホーム，デイサービス）ほか

[講演・人材育成・おもな依頼先]
○世田谷区社会福祉事業団
○セントケア・ホールディングス（株）
○（株）オンアンドオン（リハビリ・デイたんぽぽ）ほか

[おもな著書]
○『しゃべらなくても楽しい！　椅子に座ってできるシニアの1，2分間筋トレ体操55』
○『しゃべらなくても楽しい！　シニアの筋力低下予防体操40＋体操が楽しくなる！　魔法のテクニック10』
○『しゃべらなくても楽しい！　シニアの笑顔で健康体操40＋体操支援10のテクニック』
○『しゃべらなくても楽しい！　シニアの立っても座ってもできる運動不足解消健康体操50』
○『しゃべらなくても楽しい！　シニアの若返り健康体操50』
○『しゃべらなくても楽しい！　シニアの元気を引き出す健康体操50』
○『超楽しい！　シニアの健康どうぶつ体操50』
○『しゃべらなくても楽しい！　シニアの足腰を鍛える転倒予防体操50』
○『しゃべらなくても楽しい！　シニアに超やさしい筋トレ・脳トレ・ストレッチ体操50』
○『しゃべらなくても楽しい！　要介護のシニアも一緒にできる超やさしいケア体操50』
○『しゃべらなくても楽しい！　シニアの運動不足解消＆ストレス発散体操50』（以上，黎明書房）

[お問い合わせ]
ホームページ「要介護高齢者のための体操講師派遣」：http://qollab.online/
メール：qollab.saitoh@gmail.com
＊イラスト・さややん。

思いっきり笑える！　シニアの介護予防体操40
付・支援者がすぐに使える笑いのテクニック10

2023年5月10日　初版発行

著　　者	斎　藤　道　雄	
発　行　者	武　馬　久仁裕	
印　　刷	藤原印刷株式会社	
製　　本	協栄製本工業株式会社	

発　行　所　　　　　　株式会社　黎　明　書　房

〒460-0002　名古屋市中区丸の内3-6-27　EBSビル　☎052-962-3045
FAX 052-951-9065　振替・00880-1-59001
〒101-0047　東京連絡所・千代田区内神田1-12-12　美土代ビル6階
☎03-3268-3470

落丁本・乱丁本はお取替します。　　　　　ISBN978-4-654-07712-0
© M. Saito 2023, Printed in Japan

しゃべらなくても楽しい！　椅子に座ってできるシニアの1，2分間筋トレ体操55 斎藤道雄著　　　　B5・68頁　1720円	椅子に掛けたまま声を出さずに誰もが楽しめる筋トレ体操を55種収録。生活に不可欠な力をつける体操が満載です。2色刷。『椅子に座ってできるシニアの1，2分間筋トレ体操55』を改訂。
しゃべらなくても楽しい！　シニアの筋力低下予防体操40＋体操が楽しくなる！　魔法のテクニック10 斎藤道雄著　　　　B5・63頁　1700円	「ドアノブ回し」などの日常生活の動作も取り入れた，しゃべらずに座ったままできる楽しい体操40種と，体操をもっと効果的にする10のテクニックを紹介。シニアお一人でもできます。2色刷。
しゃべらなくても楽しい！　シニアの笑顔で健康体操40＋体操支援10のテクニック 斎藤道雄著　　　　B5・63頁　1700円	「おさるさんだよ〜」をはじめ，思わず笑ってしまうほど楽しくて誰でも続けられる体操40種と，支援者のための10のテクニックを紹介。シニアお一人でもお使いいただけます。2色刷。
しゃべらなくても楽しい！　シニアの立っても座ってもできる運動不足解消健康体操50 斎藤道雄著　　　　B5・63頁　1700円	立っても座ってもできるバラエティー豊かな体操で，楽しく運動不足解消！　「かんぱーい！」「ふたりのキズナ」など，効果的な体操がいっぱい。シニアお一人でもお使いいただけます。2色刷。
しゃべらなくても楽しい！　認知症の人も一緒にできるリズム遊び・超かんたん体操・脳トレ遊び 斎藤道雄著　　　　B5・64頁　1700円	①しゃべらない，②さわらない，③少人数を守って楽しく体や頭を動かせるレクが満載。『認知症の人も一緒に楽しめる！　リズム遊び・超かんたん体操・脳トレ遊び』をコロナ対応に改訂。2色刷。
しゃべらなくても楽しい！ シニアの若返り健康体操50 斎藤道雄著　　　　B5・63頁　1700円	シニアの若さの秘訣は元気と笑顔！　「ホップ・ステップ・ジャンプ」などの楽しい体操で，しゃべらずに座ったまま効果的に運動できます。シニアお一人でもお使いいただけます。2色刷。
しゃべらなくても楽しい！ シニアの元気を引き出す健康体操50 斎藤道雄著　　　　B5・63頁　1700円	「感動のグーパー」「キラキラウォーク」などの愉快な体操が，シニアの元気を引き出します。声を出さずに座ったまま，楽しみながら健康づくり。シニアお一人でもお使いいただけます。2色刷。
超楽しい！ シニアの健康どうぶつ体操50 斎藤道雄著　　　　B5・63頁　1700円	「ねこの洗顔体操」など，色々な動物の動きをマネするだけのかんたん体操。どの体操も座ったままできて，準備や長い説明も一切なし！　立ってする場合のアドバイスも付いています。2色刷。
しゃべらなくても楽しい！　シニアの足腰を鍛える転倒予防体操50 斎藤道雄著　　　　B5・63頁　1700円	シニアの足腰を鍛える，「しゃべらなくても楽しい」体操を50種収録。椅子に座ったままでき，道具や準備も必要なし。「足指の魔術師」などの安心・安全な体操で，楽しく転倒予防！　2色刷。

表示価格は本体価格です。別途消費税がかかります。

■ホームページでは，新刊案内など，小社刊行物の詳細な情報を提供しております。「総合目録」もダウンロードできます。
http://www.reimei-shobo.com/